PRÓLOGO

En el pequeño pueblo costero de San Martín, donde el sonido de las olas acaricia la orilla y el aroma a sal impregna el aire, se entrelazan historias de amor, amistad y redención. Entre sus senderos rodeados de montañas y arroyos, y sus playas que se extienden como un manto dorado bajo el sol, Valeria y Leo encontraron el comienzo de un amor que desafiaría el tiempo y las circunstancias.

Valeria, una joven de espíritu libre y corazón generoso, creció en este rincón del mundo, junto a su inseparable amiga Elena. Juntas, compartieron risas, sueños y aventuras, forjando un lazo inquebrantable. Leo, con su carisma y pasión por la vida, se convirtió en una pieza fundamental en este trío de amigos, hasta que un trágico accidente separó sus caminos, dejando cicatrices profundas y preguntas sin respuesta.

Años después, Valeria había construido una vida en la ciudad, junto a Juan Diego, un hombre bueno y estable, mientras Leo, marcado por la culpa y el dolor, había seguido su propio rumbo. Sin embargo, el destino, caprichoso e implacable, decidió reunirlos nuevamente, trayendo consigo viejos sentimientos y nuevas complicaciones.

Esta es una historia sobre segundas oportunidades y la capacidad del amor para sanar y transformar. Es un viaje a través de los recuerdos y las decisiones que nos definen, de los sacrificios y las esperanzas que nos impulsan. En las páginas que siguen, se desvela la travesía de Valeria y Leo mientras intentan encontrar su lugar en un mundo lleno de incertidumbres, pero también de promesas y sueños compartidos.

En el corazón de San Martín, donde el pasado y el presente

convergen, Valeria y Leo aprenderán que, aunque el camino del amor esté lleno de obstáculos, la verdadera fuerza radica en la voluntad de luchar por lo que realmente importa. Y en ese proceso, descubrirán que algunas veces, los amores destinados a ser encuentran su camino de regreso, a pesar del tiempo y la distancia.

Bienvenidos a la historia de Valeria y Leo, una historia de amor que renace con cada ola que rompe en la orilla y con cada estrella que ilumina el cielo nocturno de San Martín.

CAPÍTULO I: DONDE COMIENZA LA MAGIA

En un pequeño pueblo costero de San Martín, que se extiende a lo largo de la bahía donde las historias se tejen entre las olas del mar y las casas de colores, Valeria llega con su familia debido a una transferencia laboral de su padre a la pequeña librería local. Valeria, una niña vivaz de diez años con una risa contagiosa y ojos curiosos que brillan con la promesa de nuevas aventuras, comienza su nueva vida en el pueblo de la mano de su mejor amiga Elena, a quien conoce en la clase de artes de la escuela local. A pesar de sus diferentes personalidades, se vuelven amigas instantáneas compartiendo su amor por el arte y la creatividad.

Valeria y Elena pasan horas explorando los senderos del bosque que rodean el pueblo, descubriendo flores silvestres, pequeñas cascadas escondidas y animales curiosos. Juntas visitan el faro del pueblo, subiendo por sus escaleras hasta la cima para disfrutar de vistas panorámicas del mar y las estrellas en las noches despejadas. Asisten juntas a festivales culturales y de arte en el pueblo, donde Valeria se inspira para sus propias creaciones artísticas y Elena encuentra su voz en la música local a sus 13 años. Ambas jóvenes prometedoras ayudan ocasionalmente como voluntarias en eventos comunitarios, desde limpiezas de playa hasta festivales de comida, fortaleciendo su conexión con los residentes del pueblo.

En sus noches de pijamas y confesiones, Valeria y Elena se

turnan para pasar noches en las casas de cada una, compartiendo secretos, risas y lágrimas mientras planean sus futuros y sueños más grandes. A lo largo de los años, enfrentan desafíos personales y académicos juntas, apoyándose mutuamente en momentos de duda y celebrando los logros con orgullo. A medida que crecen, sus intereses y personalidades evolucionan, pero su amistad se fortalece con el tiempo, convirtiéndose en pilares fundamentales en la vida una de la otra.

En un viernes cualquiera, durante un paseo por la playa al atardecer en las rocas junto al mar, discuten sus planes para después de la escuela secundaria, soñando con explorar el mundo juntas o seguir diferentes caminos, con la certeza de que su amistad perdurará, Valeria en ese momento reflexiona sobre cómo su amistad con Elena ha sido una fuente constante de alegría, inspiración y apoyo a lo largo de los años. Lo cual la ha ayudado a enfrentar nuevos desafíos, como la enfermedad de su madre Ana Lucía, quien fue diagnosticada inesperadamente con cáncer de mama. En medio de la incertidumbre y la tristeza, conocen a Leo, un chico curioso y amigable del pueblo, durante una excursión escolar al faro. Leo se une a su grupo y juntos comienzan a explorar los rincones ocultos del pueblo y a compartir mucho tiempo y vivencias juntos.

Con el tiempo, Valeria, Elena y Leo se convierten en amigos cercanos, compartiendo su amor por la música, el arte y la naturaleza. A través de risas, confidencias y momentos de apoyo mutuo, forman un grupo unido que enfrenta desafíos y celebra triunfos juntos. Leo y Elena están siempre presentes para Valeria, acompañándola en visitas al hospital, citas médicas y momentos en casa cuando su mamá necesita descansar. Tanto Leo como Elena escuchan atentamente a Valeria cuando ella necesita desahogarse, expresar sus miedos, el temor de perder a su mama o ver a su familia desvanecer ante el conflicto y la desesperación, ella comparte sus sentimientos más íntimos sobre la enfermedad de su madre con quienes hoy son sus amigos más cercanos.

Todas las tardes, Leo incluyo en su rutina llevar libros o películas a Valeria para distraerla durante largas horas de espera en el hospital, Valeria es amante de la lectura y le encantan las películas de misterio y amor, de esta forma Leo siente que trae un poco de tranquilidad a su vida, mientras que Elena le prepara sus comidas favoritas y le lleva al hospital para que por medio de su cocina Valeria se sienta amada y acompañada. Ambos amigos han estado para ella cada día desde que su madre fue diagnosticada, Los fines de semana, Valeria se pone al día con sus deberes escolares y ayuda en las tareas domésticas, permitiendo que Antonio tenga más tiempo para estar con su esposa en las horas del día y también cuidar de sí mismo, ya que sin Ana Lucia, Antonio se encarga de atender solo la librería todo el día y al salir corre al hospital y pasa la noche con ella para no perderse ni un momento des de su esposa, Valeria ve con preocupación las pocas horas de sueño y la tristeza que lo acompaña a cada momento lo cual torna toda la situación en casa más complicada.

A pesar de las circunstancias difíciles Leo y Elena encuentran momentos para reír juntos y recordar historias divertidas. Es su manera de ayudar a mantener a Valeria con un poco de optimismo y actitud positiva, recuerdan por ejemplo aquel paseo por el faro donde Leo tropezó con un arbusto y terminó en el suelo bañado de barro, o cuando Leo la alzó en sus brazos para protegerla del perro de la cuadra. Valeria comienza a sentir sentimientos más profundos por Leo, admirando su apoyo en momentos difíciles y su constante compañía. Los tres comparten vivencias de complicidad que fortalecen su relación.

Por otra parte Leo y Valeria experimentan emociones intensas al pasar los meses, comparten su primer beso en una noche de luna llena, un momento de alegría y euforia que causa confusión a ambos, Valeria siente que su corazón va a salir de su pecho, este idílico sentimiento de casi tocar las mariposas que vuelan alegres alrededor de si vientre y sentirse tan emocionada que pierde el aliento al estar tan cerca uno del otro. Recostada en su regazo y extasiada por el calor del momento, cada pequeño gesto o mirada de Leo se siente como una ola abrumadora llegando hasta ella. Sienten una atracción genuina y abrumadora el uno por el otro, encontrándose fascinantes y únicos en todos los sentidos. Cada detalle de su personalidad, cada gesto y cada palabra se vuelve significativo e inolvidable. Comparten sus sueños, miedos y secretos más íntimos, creando un vínculo de confianza y entendimiento mutuo que define su relación especial.

Durante el último año antes de su graduación, Leo y Valeria descubrieron que cada momento juntos era más especial que el anterior. En una cálida tarde de sol, decidieron ir al cine emocionados por ver la última película de su director favorito. Mientras esperaban en la fila, Leo hacía bromas sobre las predicciones de Valeria para la trama, haciendo reír a todos a su alrededor. Durante la película, compartieron palomitas de maíz y se tomaron de la mano discretamente, sintiendo una conexión íntima mientras los créditos finales rodaban.

Al siguiente dia el grupo planeó una salida a la feria del pueblo. Elena, siempre la organizadora, insistió en que probaran todos los juegos y atracciones. Diego y Ana compitieron en el tiro al blanco, mientras Leo ganó un peluche para Valeria en un juego de dardos. Más tarde, mientras compartían algodón de azúcar, una tormenta sorprendió al grupo. Aunque terminaron empapados, rieron juntos mientras corrían hacia un pabellón para refugiarse de la lluvia.

Para celebrar el siguiente el cumpleaños de Valeria, Leo organizó una cena sorpresa en la playa con la ayuda de Elena. Prepararon una mesa decorada con velas y luces de hadas. Frutas, quesos y chocolates abrían esa intima celebración, con el sol poniéndose en el horizonte, Leo le entregó a Valeria un collar con un colgante en forma de estrella, simbolizando sus sueños compartidos y el brillo que ella traía a su vida, ese día Valeria dijo por primera vez, te amo, sin entender bien lo que el significado de estas palabras tienen, nombro así el sentimiento tan grande que sentía hacia él, esa noche bailaron descalzos en la arena bajo el cielo estrellado, prometiéndose un amor fuerte y duradero. Este día quedó grabado para siempre en sus corazones y el deseo ferviente de entrelazar sus vidas adultas y tomas el mismo camino para así nunca tener que separarse.

Surgieron a lo largo del tiempo juntos desacuerdos y malentendidos también, vivencias que los ayudarían a madurar mediante la reflexión y fortalecer lazos. Una noche en la feria, un conflicto estalló entre Elena y Leo, afectando al grupo entero.

Valeria se encontró en una posición difícil, sintiéndose atrapada entre el profundo amor que sentía por Leo y su amistad inquebrantable con Elena. La discusión comenzó por la negativa de Leo a ser compañero de grupo de Elena en la exposición científica que presentarían semanas antes de la graduación. Leo quería representar un volcán en erupción para su proyecto científico final, fascinado por el estudio de los suelos y la naturaleza. Por otro lado, Elena quería crear un instrumento musical de aire utilizando materiales reciclados, combinando su amor por la música y sus preocupaciones ecológicas. Este desacuerdo causó tensión entre ellos, ya que no podían llegar a un compromiso sobre cómo proceder con el proyecto conjunto.

Valeria decidió apoyar a Leo en su proyecto, ya que le interesaba más y sentía que apartir de estos compromisos se adaptarían a hacer las cosas en adelante como un equipo, lo cual aumentó la discordia en el grupo. A pesar de estos altibajos, continuaron compartiendo la experiencia de ambos proyectos juntos, explorando estos nuevos conocimientos y habilidades. Después de unas semanas de tensión y desacuerdos, llegó el día de la exposición científica en la feria del pueblo.

Los equipos de Leo y Elena presentaron sus proyectos por separado, cada uno demostrando sus habilidades únicas y su dedicación a sus respectivos temas. A pesar de las diferencias iniciales, ambos grupos recibieron elogios por sus presentaciones creativas y bien presentadas y su excelente investigación.

Después del evento, el grupo se reunió en un lugar tranquilo cerca del faro para reflexionar sobre las recientes tensiones. Sentados en la hierba, con la brisa marina acariciando sus rostros, Valeria comenzó a hablar sobre la importancia de la comunicación y la comprensión mutua en cualquier relación. Expresó cómo, a pesar de las diferencias y los desafíos que enfrentaron, su amistad había prevalecido.

Leo asintió, reflexionando sobre cómo aprender a respetar los ideales y pasiones individuales de cada uno había sido fundamental para superar las dificultades. Reconoció que, aunque tenían diferentes perspectivas, eso no debía dividirlos, sino fortalecer su vínculo. Elena, siempre la voz sabia del grupo agregó que cada uno tenía algo valioso que aportar y que la diversidad de opiniones enriquecía su amistad. Diego y Ana estuvieron de acuerdo, compartiendo anécdotas de momentos divertidos y retos superados juntos, destacando que su amistad era más fuerte que cualquier desacuerdo.

Con el sol poniéndose en el horizonte, el grupo se abrazó, renovando su compromiso de apoyarse mutuamente y celebrar sus diferencias. Ese día prometieron que, en el futuro, buscarían formas de comunicarse mejor y resolver conflictos de manera más constructiva.Así, en ese día especial junto al faro, Leo, Valeria,

Elena, Diego y Ana reafirmaron que su amistad era un tesoro que debían cuidar y que, a pesar de los desafíos, estaban listos para enfrentar juntos el siguiente capítulo de sus vidas después de la graduación.

Llegó la semana de la graduación y el ambiente en el pequeño pueblo costero de San Martín estaba lleno de emoción y preparativos. Elena, Ana y Valeria estaban ocupadas eligiendo sus vestidos memorables para la ocasión.

Elena optó por un vestido largo y elegante de color azul marino, con detalles de encaje que resaltaban su estilo clásico y sofisticado. Ana, por otro lado, lucía un vestido corto de color coral con detalles florales, reflejando su personalidad vibrante y alegre. Valeria había elegido un vestido blanco como la espuma del mar, con detalles de cristales que brillaban bajo la luz, complementando su energía y elegancia juvenil.

Mientras tanto, Diego y Leo estaban ocupados organizando los pormenores, la limusina que haría de ese día algo memorable era uno de ellos. Habían planeado cada detalle, desde la música hasta las paradas estratégicas para tomar fotos en los lugares más pintorescos del pueblo antes de llegar al baile. Llegó el día del grado y todos estaban emocionados. En casa de Valeria, sus padres irradiaban orgullo y emoción al ver bajar a su hija por las escaleras con su imponente vestido. Valeria se sentía como una princesa lista para ser entregada a Leo, sabiendo que esa noche sería una de las mejores de su vida.

La limusina llegó puntualmente primero, Leo y Diego fueron a buscar a Roberto, el nuevo amigo que había invitado a Ana al baile. Pasaron por Ana, quien veía hermosa, radiante, sus padres la acompañaron hasta la puerta con sus ojos llenos de lágrimas y orgullo. Luego, hicieron una parada en casa de Valeria, Leo la esperaba en la puerta ella descendió las escaleras radiante y llena de emoción con su largo vestido blanco. Finalmente todos muy emocionados se dirigieron a recoger a Elena, quien llegó al vehículo con Diego, luciendo espectacular en su vestido azul claro, todos estaban muy felices, con entusiasmo en el interior de la limusina, el ambiente era de alegría y anticipación. Valeria y Elena compartían anécdotas emocionadas sobre los últimos años juntas, mientras Ana y Diego reían recordando momentos divertidos de la escuela. El trayecto hacia el baile estuvo lleno de risas y música, Su grupo favorito sonando en el sistema de sonido de la limusina era un espectáculo. Todos se sentían como estrellas de cine, disfrutando del glamur y la camaradería mientras se dirigían hacia la gran celebración.

Al llegar al baile, fueron recibidos por sus profesores y otros compañeros, quienes lucían igual de felices que ellos. El salón estaba decorado con luces brillantes y una pista de baile iluminada. La música animada llenaba el ambiente, invitando a todos a bailar y celebrar. Esa noche Diego y Elena, participaron por ser los reyes del Baile, habían estado practicando por semanas la coreografía, todos sabían que iban a ganar, eran perfectos juntos, igual la adrenalina del momento hacía que todos sintieran muchos nervios de los resultados de ese concurso, fueron minutos de tensión, comienza el concurso y todos gritaban sus nombres apoyándolos, fue increíble, luego de menos de 15 minutos de coreografía, los gritos y los aplausos anticipaban el resultado, era una victoria segura, están frente a los reyes del baile de esa generación, fue increíble.

Leo y Valeria por su parte tambien compartieron momentos especiales en la pista de baile, girando entre risas y miradas cómplices. Elena y Diego disfrutaron de la música juntos, intercambiando sonrisas y pasos de baile sincronizados. Ana y Roberto se unieron al grupo, bailando animadamente y capturando recuerdos en fotos con sus amigos.

La noche transcurrió entre risas, bailes, alegría y celebracion de haber compartido tantos momentos memorables juntos. Cada uno llevaba consigo la certeza de que esa graduación marcaría el comienzo de nuevas aventuras y seguiría fortaleciendo los lazos de amistad que habían construido a lo largo de los años en el pintoresco pueblo costero de San Martín.

CAPÍTULO II:
LA NOCHE QUE CAMBIÓ TODO

Después de una noche mágica en el baile de graduación, Leo estaba decidido a hacer que ese momento especial con Valeria perdurara. A pesar de las advertencias del chofer sobre el clima inclemente que se aproximaba, Leo propuso tomar la ruta costera para capturar algunas fotos memorables junto al mar. Valeria, emocionada por la perspectiva de una declaración importante de Leo y su decisión de acompañarla a la universidad en la capital, aceptó entusiasmada. El camino hacia la costa comenzó bajo un cielo estrellado, pero rápidamente la situación cambió cuando una tormenta inesperada oscureció el cielo. A pesar de los intentos del chofer por mantener la calma, las condiciones empeoraron rápidamente. Leo, con una mezcla de emoción y nerviosismo, estaba concentrado en encontrar el lugar perfecto para hablar con Valeria sobre su futuro juntos.

De repente, un fuerte estruendo resonó en la carretera y la limusina se desvió bruscamente. El chofer luchó por controlar el vehículo en medio de la lluvia torrencial y la poca visibilidad. En un instante de confusión y caos, la limusina chocó con un árbol cerca de la orilla del mar.

El impacto fue brutal y todos a bordo quedaron aturdidos y conmocionados y heridos. Valeria, Leo y sus amigos fueron rápidamente llevados al hospital más cercano, donde los médicos lucharon por estabilizar a Leo, gravemente herido por el accidente. Valeria, con el corazón en un puño y las lágrimas en los ojos, esperaba angustiada noticias sobre la condición de Leo, mientras recordaba la alegría y las risas compartidas apenas unas horas antes en el baile.

Este fue el momento en que sus vidas cambiaron para siempre, donde la emoción y la anticipación se transformaron en preocupación y miedo por lo desconocido. Mientras tanto, Elena luchaba por su vida en cuidados intensivos, enfrentando una batalla difícil tras el accidente. El caos se apoderó de la situación entre lágrimas y confusión, y comenzaron a llegar los familiares de las víctimas al hospital. Valeria se encontró con su padre en un pasillo del hospital, llorando desconsoladamente por lo sucedido, empapada por la lluvia y confundida. No quería dejarse atender por los médicos para poder estar al tanto de la situación de Elena y Leo, quienes habían salido gravemente heridos en el accidente. Momentos después del encuentro con su padre y llorando desconsoladamente por lo sucedido, vio entre la multitud de emergencias al médico que los había recibido. Su rostro mostraba el dolor que sentía al tener que dar noticias sobre el estado de los pacientes.

El corazón de Valeria se paralizó cuando el médico se acercó. Abrazó a su padre con tal fuerza que no podía soltarlo, nada podía consolarla. Los treinta segundos que el médico tardó en cruzar el pasillo de emergencias fueron los momentos más angustiosos que Valeria había experimentado en toda su vida. El médico preguntó por la familia de Elena, y Valeria se desplomó al piso, anticipándose a lo peor.

El médico anunció la trágica noticia: Elena no sobrevivió a las graves heridas. Tenía una contusión severa en el cráneo y los médicos no pudieron detener el sangrado durante la cirugía. El dolor y el luto inundaron la habitación. Valeria no podía recuperar el aliento. "¿Por qué ella y no yo?", se preguntaba, entre sollozos. Sus gritos resonaban por todo el hospital mientras el pueblo se vestía de luto por la pérdida de una joven llena de vida y alegría, con un futuro prometedor por delante.

Diego y Ana, llenos de dolor, clamaban por qué se habían desviado la ruta, mientras la comunidad entera compartía en su angustia y tristeza.

Las horas seguían pasando mientras esperaban noticias de Leo. Los médicos dieron de alta a Diego y a Ana, y sus padres los llevaron a descansar a casa. La familia de Elena, sumida en el dolor, esperaba angustiada ver el cuerpo sin vida de su hija. Los médicos recomendaron al padre de Valeria suministrarle unos sedantes y realizarle unos estudios para analizar su situación, ingresándola esa noche al hospital. Al día siguiente, Valeria despertó y pidió a su padre que le permitiera visitar a Leo, quien aún estaba en cuidados intensivos. Los médicos accedieron debido a su insistencia, mientras la familia de Elena trabajaba en los preparativos del funeral y el entierro. El pueblo entero estaba de luto; en la escuela, los profesores preparaban un homenaje en memoria de Elena, todos estaban devastados. Llegó la hora de las visitas, y Valeria corrió al encuentro con Leo, quien ya estaba estable pero aun gravemente herido. La lesión en la espalda de Leo requería una operación que no podían realizar en ese hospital, por lo que estaban organizando su traslado a un centro médico en otra ciudad. Valeria logró verlo consciente y expresó su preocupación y dolor por la situación, abrazándolo y diciéndole cuánto lo amaba. Leo, abrumado por el dolor y la culpa tras enterarse de la muerte de Elena y sentirse responsable por la ruta tomada, mostraba un estado de ánimo devastador.

Valeria se sentía desolada al ver a Leo sumido en un silencio profundo, completamente aislado en su dolor. A pesar de sus esfuerzos por comunicarse con él, Leo parecía estar perdido en sus pensamientos, sin responder a estímulos ni interactuar con nadie en la habitación. Valeria, llena de desconcierto y angustia, comprendió que Leo sería trasladado esa misma noche a Quintamos, una ciudad a cinco horas en carretera desde el pueblo.

No sabía cuándo podría volver a verlo y el dolor y la desesperación crecían con cada segundo que pasaba.

Después de que Valeria fue dada de alta y regresó a casa, aún adolorida y medicada, la noche continuó con el traslado de Leo. Mientras tanto, las familias se unieron en el dolor por la pérdida de Elena. El homenaje en la escuela fue conmovedor; el pueblo entero se congregó para honrar su memoria. El lugar estaba lleno de cartas y flores que la comunidad había traído para rendir tributo a la vida de Elena. El llanto y el dolor inundaban el ambiente. Valeria aún no podía asimilar que su amiga, su hermana, su cómplice de tantos años, ya no estaría a su lado. Imaginar una vida sin ella era demasiado doloroso.

Después del emotivo homenaje, se celebró el funeral y el entierro de Elena. Valeria, entre lágrimas y un dolor profundo, deseaba brindar unas palabras de despedida a su amiga. Pidió la palabra y dijo:

"Querida Elena, Hoy el cielo se viste de tu luz y alegría, que ahora brillan desde lo alto. Aunque tu partida nos ha dejado en un profundo dolor, sé que, en cada recuerdo, en cada sonrisa compartida, seguirás viviendo en nuestros corazones para siempre. Has sido la luz que iluminó mis días más oscuros y la fuerza que me impulsó a seguir adelante en muchas ocasiones, tengo tanto que agradecerte amiga".

Se quebranta a la voz de Valeria y se toma un momento para recomponerse, continua…….. *"Tu risa contagiosa y tu corazón generoso dejaron una huella imborrable en cada uno de nosotros. Me enseñaste el verdadero significado de la amistad y me mostraste cómo amar con sinceridad y sin reservas. Aunque hoy nos toca despedirnos, sé que tu espíritu seguirá guiándonos en cada paso y que siempre estaremos juntas, te recordare siempre, gracias por ser parte de mi vida. Descansa en paz, querida amiga, hasta que nos volvamos a encontrar en algún lugar más allá de las estrellas".*

Después de la tragedia, los caminos de los amigos se separaron irremediablemente. Leo, aun recuperándose en otra ciudad tras la operación de espalda, se sumió en un aislamiento doloroso. Rechazaba las llamadas y el contacto con cualquier persona del pueblo, consumido por el dolor y la ira de lo sucedido, le esperaban muchos meses de tratamiento luego de la operacion para recuperarse y consumido por el dolor y la culpa se alejo de todos sus seres queridos.

El tiempo transcurrió y llegó el momento de ir a la universidad. Ana, Diego y Valeria tomaron caminos diferentes, cada uno marcado por la profunda pérdida de Elena. Aunque intentaron seguir adelante, ninguno de ellos volvió a ser el mismo. La tragedia había dejado una marca indeleble en sus vidas, llevándolos de la inocencia y el final de su adolescencia que vivían con felicidad a un mundo donde debían superar sus tristezas, la frustración y la perdida, entrando a la adultes y preparándolos para un futuro que ellos mismos debían moldear a su favor. Durante esos años Leo lucho por recuperarse física y anímicamente, la perdida de Elena su amiga, alejarse de Valeria el amor de su vida, dejar atrás a su familia y sus amigos, reencontrarse consigo mismo y conseguir sosiego fue lo único que pudo hacer en esos momentos de desesperación y tristeza.

Así, cada uno enfrentó su propio camino hacia el futuro, llevando consigo el peso de lo que habían perdido y la nostalgia de los tiempos más felices que compartieron juntos en aquel pequeño pueblo costero de San Martín.

CAPÍTULO III
"REENCUENTROS EN SAN MARTÍN: RAÍCES Y RENOVACIÓN".

Luego de años de separación, Valeria decidió regresar al pueblo costero de San Martín para unas vacaciones de verano con sus padres. La última vez que había estado allí, todo había cambiado tras la trágica noche del baile de graduación. A medida que se acercaba al pueblo en el viejo automóvil de su padre, los recuerdos inundaron su mente: las calles familiares, los comercios que habían sido testigos de su infancia y adolescencia, y la brisa salada del mar que siempre le había traído consuelo. Al llegar, notó que el pueblo había cambiado sutilmente. Nuevas tiendas habían surgido, algunas de las antiguas habían cerrado. La escuela primaria, donde había pasado tantas horas jugando con Elena, Ana, Diego y Leo su primer amor, ahora parecía más pequeña de lo que recordaba. Pero la esencia del lugar seguía intacta: la amabilidad de la gente, el rumor constante de las olas rompiendo en la playa y el calor reconfortante del sol de verano.

Al día siguiente de su llegada, decidió pasear por el malecón, un lugar donde tantas veces había compartido momentos felices con sus amigos. Mientras caminaba, notó una exposición de arte en una pequeña galería local. Intrigada, entró y se encontró con una colección de pinturas y esculturas, muchas de ellas evocando la belleza del mar y la vida en el pueblo.

Mientras admiraba una pintura en particular, que una voz conocida la sacó de sus pensamientos. Era Leo, quien había regresado para hacerse cargo del negocio familiar. Después de una mezcla de sorpresa y alegría, se abrazaron con cariño. Leo le contó cómo había sido su vida desde que se separaron, su larga recuperación física, y como con el tiempo y ayuda de sus médicos logro vencer la depresión que inundaba su vida luego de aquel fatídico accidente, hoy con mucha más paz interior pero aun recordando con nostalgia y respeto lo que paso aquella noche, intentaba comenzar de nuevo, conectar otra vez con la naturaleza que tanto amaba, acercarse a su familia y su comunidad, encontrar el perdón de todos aquellos que en algún momento señalaron el comportamiento de un adolescente que cometió una imprudencia, pero que era inocente de todo lo sucedido, el negocio familiar no iba bien, le comento Leo, y apreciar lo que las raises dejan en el legado de una familia, es parte de lo que aprendió lejos de casa. Así como apreciar a San Martín de una manera nueva y diferente, le dijo a Valeria que estaba allí para hacerse cargo, para apoyar a quienes siempre estuvieron junto a él en sus momentos más difíciles.

Esa noche, Valeria y Leo se reunieron con algunos antiguos amigos en el bar local. Entre recuerdos, compartieron historias de sus vidas en los últimos años. Valeria se enteró de que Ana había seguido una carrera exitosa en la ciudad de Naomi, especializándose en marketing digital, mientras que Diego, su actual novio, se había convertido en un arquitecto reconocido en la capital ya había planes de matrimonio y comentaban que esperaban ansiosos las invitaciones para reencontrarse de nuevo. A medida que los días pasaban, Valeria se sentía cada vez más conectada con su pasado y su pueblo natal. Visitó la tumba de Elena, donde dejó flores y dedicó un momento en silencio para recordar a su querida amiga. Un momento muy difícil pero necesario, Valeria, aunque por su tristeza se ausento muchos años de San Martin, también siempre sintió un vacío que solo llenaría ese acercamiento, esa conciliación, esa aceptación de poder visitar la tumba de Elena y que ese dolor se convirtiera en paz, eso fue lo que logro aquel día, poder reencontrarse en paz con el recuerdo de elena.

También planifico su tiempo para acordar con antiguos compañeros de clase y vecinos, quería reconectar con la calidez y la familiaridad que solo ese pequeño pueblo puede ofrecer.

A medida que los días pasaban, Valeria se encontraba cada vez más sumergida en una marejada de emociones que creía olvidadas. Su visita al pueblo despertó recuerdos profundos y sentimientos enterrados, especialmente su amor por Leo, que parecía sentirse intacto a pesar de los años. Cada rincón del pueblo parecía susurrar historias de su juventud compartida con él, haciendo que su partida estuviera llena de confusión y nostalgia.

Por otro lado, Leo también experimentaba emociones similares. Aunque distante físicamente, los recuerdos de Valeria y los días felices que compartieron continuaban resonando en su corazón. La distancia y el tiempo no habían disminuido el afecto que sentía por ella.

Al final de su estancia, Valeria se despidió del pueblo con una mezcla de gratitud por haber revivido esos momentos y tristeza por dejar atrás lo que pudo haber sido. Leo, por su parte, contemplaba desde la distancia, preguntándose sobre el rumbo que habrían tomado sus vidas si las circunstancias hubieran sido diferentes. Después de despedirse del pueblo que había sido testigo de su juventud, Valeria abordó el tren que la conduciría de regreso a la ciudad donde ahora residía. Se acomodó en su asiento, con la mirada perdida en el paisaje que se desplegaba fuera de la ventana. Los recuerdos de Leo la invadieron como una marea impetuosa, trayendo consigo un torrente de emociones que había mantenido guardadas durante años.

El traqueteo constante del tren parecía marcar el ritmo de sus pensamientos mientras revivía cada momento compartido con

Leo. Recordó vívidamente la primera vez que se encontraron en la feria del pueblo: la risa contagiosa de Leo mientras ganaba un peluche para ella, sus ojos brillantes reflejando complicidad bajo la luz de las estrellas cuando bailaron descalzos. Cada detalle cobraba vida nuevamente en su mente: los colores dorados del atardecer sobre el mar, los susurros del viento entre los árboles del parque donde solían pasear juntos. Leo, por su parte, se encontraba sumido en una profunda melancolía por la partida de Valeria. Desde que ella regreso al pueblo sintió que por fin podría ser feliz de nuevo, sentía un inmenso sosiego solo de saberla cerca, aunque no estuviesen en el mismo lugar, es una sensación difícil de entender para leo, pero de nuevo se sentía vivo, con esperanza, encontrarse de nuevo con esa sensación de pérdida, era inminente, se había apoderado de él. Ahora Valeria en el tren, alejándose, se daba cuenta de cuánto la amaba y de cuánto dolor le causaba estar separado de ella. Cada gesto, cada palabra compartida, cada paisaje que habían explorado juntos se desplegaba en su mente, las suaves colinas cubiertas de verde intenso en primavera, los campos de trigo dorados meciéndose con la brisa de verano. Como olvidar esos retratos gravados en su mente. Mientras el tren avanzaba sin cesar por la vía, Leo analizaba como debía actuar, que podía esperar del futuro, y anhelaba poder recuperar a Valeria, tomó una decisión firme en su corazón. No podía permitirse perder a Valeria otra vez. La determinación creció con cada kilómetro que los separaba, jurando encontrar la manera de estar juntos nuevamente.

Así, mientras Valeria y Leo se sumergían en sus recuerdos y reflexiones, el tren continuaba su marcha, llevándolos hacia destinos diferentes pero entrelazados por el amor y la nostalgia. A pesar del tiempo y la distancia, ambos guardaban en su corazón la esperanza de un reencuentro, que no podría ser disuelto por nada ni nadie.

CAPÍTULO IV:
RENACER DE UN AMOR

Leo dejó todo atrás y viajó a la ciudad de Madrid, donde Valeria vivía ahora. Decidido a recuperarla, emprendió este nuevo capítulo de su vida lleno de incertidumbre, pero con la certeza de que el amor que los había unido era algo único e irrepetible.

Valeria, por su parte, se sentía confundida y dividida. Ella mantenía una relación estable y tranquila con Juan Diego, su pareja de los últimos años. Y su vida al norte era feliz y tranquila, Por respeto eso, a esa vida que habían construido juntos, se negó inicialmente a pensar en algo diferente para su futuro y se cerró a los recuerdos con Leo que en esa visita habían revivido.

Sin embargo, Leo desconociendo los deseos de Valeria y con una inmensa persistencia en su amor no reconoce límites. No estaba dispuesto a darse por vencido y emprende su aventura, localizarla, acercarse, ayudarla a recordar lo especial de su relación, apareció en cada lugar y en cada momento que pudo, pidiéndole a Valeria un poco de tiempo compartido con la esperanza de revivir los recuerdos de su gran amor. Leo decidió alquilar un piso cerca del apartamento de Valeria, marcando así su determinación de no dejarla ir de nuevo. Este acto simbolizaba su compromiso y su deseo de demostrarle a Valeria que estaba allí para quedarse, sin importar cuánto tiempo le llevara reconquistar su corazón.

Valeria se encontraba en una encrucijada emocional. Cada encuentro con Leo despertaba en ella sentimientos que había intentado enterrar, recuerdos de un amor que, a pesar de los años y la distancia, seguía latiendo en lo profundo de su ser. Juan Diego, por otro lado, era un hombre bueno y atento, que había estado a su lado, construyendo una relación basada en la tranquilidad y la estabilidad. Leo, decidido a ganar nuevamente el corazón de Valeria, la sorprendía constantemente. La esperaba fuera de su trabajo con un ramo de flores, aparecía en su cafetería favorita e incluso se unía a las clases de yoga que ella frecuentaba. Cada vez que la veía, le pedía un momento para hablar y recordar juntos aquellos días llenos de pasión y promesas bajo las estrellas.

Una tarde de otoño, Leo organizó una sorpresa especial. La llevó a un parque cercano, donde había recreado uno de sus momentos más queridos: un picnic bajo un cielo despejado, con mantas y cojines esparcidos sobre la hierba. Valeria no pudo evitar sonreír al ver la atención al detalle que Leo había puesto. Se sentaron juntos, compartiendo comida y recuerdos, y por un breve momento, Valeria permitió que su corazón se abriera nuevamente a los recuerdos, esos recuerdos de su primer beso, lo que sintió, lo que vivieron juntos, su collar, aquel que aún guardaba con recelo entre sus prendas más preciadas. ¿Cuáles eran las posibilidades? Vivir sin todo aquello había sido posible solo con su ausencia, pero ahora estaba aquí, de nuevo, en su vida, muy cerca. Todo esto era muy confuso.

El parque, lleno de belleza, con sus altos árboles cuyas hojas doradas caían suavemente al suelo, era un escenario perfecto para el reencuentro. El aire fresco y el susurro del viento creaban una atmósfera mágica, casi irreal. Mientras compartían risas y recuerdos, el sol se escondía lentamente, bañando todo con una cálida luz anaranjada que realzaba los colores del paisaje. En esos momentos, Valeria sentía que el tiempo se detenía, y por un instante, olvidaba las complicaciones de su presente.

Después de esa tarde, las noches se volvieron particularmente difíciles para Valeria. Sufría de insomnio, y en las pocas horas que lograba dormir, solía hablar en sueños, mencionando a Leo y reviviendo momentos felices que habían compartido. Juan Diego comenzó a darse cuenta de que Valeria seguía enamorada de Leo. Los murmullos nocturnos, los nombres pronunciados entre suspiros y las lágrimas que ocasionalmente se escapaban de sus ojos cerrados confirmaban la persistencia de ese amor en su corazón. Los días pasaban y la presencia constante de Leo comenzó a afectar la relación de Valeria con Juan Diego. Su amor por Valeria seguía intacto, pero esa huella del pasado le causaba inseguridad, algo con lo que no podía lidiar. Lo que más amaba de su relación con Valeria era la tranquilidad y la estabilidad, y todo aquello se estaba viendo disminuido por su nueva realidad. Las discusiones se hicieron más frecuentes entre ellos, cada vez se alejaban más el uno del otro. Se acabaron esas conversaciones largas sobre el futuro y esos amaneceres cálidos cuando desayunaban juntos en el balcón de su apartamento, fantaseando con viajar juntos a conocer el mundo. Valeria se encontraba cada vez más dividida entre el pasado que Leo representaba y el futuro que había planeado con Juan Diego.

Los meses pasaron en esta nueva realidad, pero la relación de Valeria y Juan Diego ya estaba muy afectada. En un giro del destino, un viernes por la noche, Juan Diego regresó a casa decidido a intentar algo diferente. Había comprado entradas para la ópera, algo que él sabía que a Valeria le haría mucha ilusión. Al llegar a casa, ella no estaba. Intentó llamarla para avisarle de los planes, pero Valeria no respondió. Ese día, Leo había enfermado, tenía mucha fiebre y estaba solo. Avisó a Valeria de su situación y ella, sin pensarlo, acudió en su ayuda. Al llevarlo a emergencias, dejó su celular en el carro y, en medio de los nervios, al ver a Leo tan decaído y vulnerable, revivió todos aquellos momentos en la clínica de San Martín aquella noche donde rezaba por su vida. Las horas pasaban y seguían haciéndole estudios a Leo. Valeria no se percató del tiempo; su única preocupación era saber qué le pasaba a Leo. Al fin lograron estabilizarlo y lo dejaron en observación esa noche. Valeria, más tranquila, se tomó un momento para analizar todo y se dio cuenta de que no había hablado con Juan Diego en muchas horas. Tendría que explicar lo que había pasado. ¿Cómo lo tomaría Juan Diego? Angustiada, regresó a casa, y Juan Diego la esperaba en el sofá. Escuchó atento todo lo que Valeria le compartió con honestidad y, consciente de la lucha interna de Valeria, decidió dar un paso atrás. En una conversación llena de honestidad y dolor, le dijo a Valeria que merecía ser feliz y que, si Leo era la persona que podía darle esa felicidad, él no se interpondría. Valeria, con el corazón roto, agradeció a Juan Diego por su comprensión y su amor incondicional, sabiendo que su decisión cambiaría sus vidas para siempre.

Juan Diego partió desolado, sabiendo que jamás la recuperaría. Salió del apartamento y se dirigió a donde sus padres donde pasaría algunos días de licencia intentando recuperarse y encontrar la manera de avanzar, Valeria intento comunicarse en con el en varias oportunidades pero Juan Diego no quiso pasar al teléfono, Marta la mama de Juan Diego en una de sus llamadas le pidió a Valeria que le diera un poco de tiempo que el necesitaba sanar, que estaba bien en casa y recuperándose, que solo necesitaba encontrar los medios para volver al camino y eso solo lo iba a lograr si avanzaba, Valeria con lagrimas en los ojos entiendo que no había marcha atrás, Juan Diego siempre sostuvo una relación muy abierta con su mama, sus palabras eran las de Juan Diego, no había duda, él había tomado su decisión. Días después Juan Diego se dispuso a reunirse con dos compañeros de trabajo en un restaurante para intentar distraer su mente de lo sucedido. Por una jugada del destino, Leo iba caminando por la calle de enfrente de ese restaurante y se encontraron. Al verse, inmediatamente se acercaron como si en el fondo supieran que entre ellos había una conversación pendiente. Leo apertura la conversación diciéndole a Juan Diego que no quería hacer ningún daño a su relación, pero que quizás lo mejor que le podía pasar a Valeria era darse cuenta de con quién realmente sería feliz. Juan Diego lo interrumpió diciendo: "En eso estamos de acuerdo, amigo. El amor que siento por ella siempre me hará poner su bienestar antes que el mío. Espero que tú también tengas la misma disposición. Antes de que continúes, quiero que sepas que Valeria y yo conversamos y que le dije lo mismo que te digo a ti ahora: lo importante para mí es que sea feliz. Cuida de ella y valórala, es una mujer inigualable." Con esa conversación se despidieron, y Juan Diego continuó su camino.

Leo, al enterarse de la ruptura, supo que una oportunidad estaba más cerca, pero también comprendió que debía darle a Valeria el tiempo y el espacio necesarios para sanar y cerrar su ciclo con Juan Diego ya que habían pasado momentos muy felices juntos. Y ella estaba muy afectada, Siguió apoyándola desde cerca, mostrándole su amor de manera paciente y constante, esperando paciente que su corazón abriera un espacio para él, entre la confusión, los recuerdos y el anhelo de ser de nuevo feliz.

Con el tiempo, Valeria comenzó a ver a Leo más seguido, compartían momentos casuales, nada muy planificado y con ese tacto y entendimiento Valeria empezó no solo como el amor de su pasado, sino también como alguien dispuesto a luchar por su futuro. Que está allí, que la escucha, que entiende su amor adulto lleno de comprensión y metas en común que compartió con Juan Diego durante esos años. Pero los recuerdos compartidos de ese amor infantil, apasionado, curioso y desbordado se entrelazaron con nuevas experiencias más tenues, que prometían ser duraderas y que reflejaban un todo. La estabilidad y comprensión del presente con esas maravillosas mariposas que regresaron de su infancia cada vez que Leo aparecía en el umbral de su puerta. Aquellos momentos de dolor que parecían inconsolables se volvieron conversaciones de recuerdos hermosos compartidos con Elena, entendiendo que más allá de ser víctimas de un trágico momento, habían tenido la dicha de conocerla y disfrutarla mientras tuvo la vida para compartirla. Poco a poco, el amor entre ellos comenzó a renacer, más fuerte y profundo que nunca.

Este nuevo capítulo en sus vidas estaba lleno de incertidumbre, pero también de esperanza y la promesa de un amor increíble que había resistido el paso del tiempo y las adversidades. Juntos, Leo y Valeria empezaron a construir un futuro, agradecidos por la segunda oportunidad que la vida les había otorgado. Al poco tiempo, decidieron volver a la ciudad que había iniciado esta bella historia, donde enfrentarían otros obstáculos, pero se tendrían el uno al otro para superarlos.

CAPÍTULO V:
RETORNO Y NUEVOS DESAFÍOS

Valeria y Leo volvieron a la ciudad costera que había sido el escenario de su juventud y de sus primeros encuentros. Con el mar como telón de fondo y los recuerdos grabados en cada rincón, se sentían como si hubieran cerrado un ciclo y abierto otro, lleno de promesas y posibilidades. Sin embargo, la vida en el lugar que los había visto crecer traería consigo nuevos desafíos que pondrían a prueba la solidez de su amor renacido. Al regresar, la noticia de su vuelta se esparció rápidamente entre los habitantes del pueblo. Mientras muchos los recibieron con calidez y nostalgia, otros miraban con escepticismo. Algunos no entendían por qué Valeria había dejado a Juan Diego, para volver con Leo, su amor de juventud quien se había distanciado de ella en el peor momento de su vida, tras la muerte de su mejor amiga. Estos comentarios crearon un ambiente de tensión que Valeria y Leo no habían anticipado.

La panadería de la señora Rosa, era un lugar habitual de encuentro. Rosa, una mujer mayor con una sabiduría innata, los recibió con los brazos abiertos y una sonrisa cálida, ofreciéndoles pan recién horneado y palabras de aliento. "El amor verdadero siempre encuentra su camino", les dijo mientras les servía café caliente. Allí pasaron un rato acogedor, pero luego de esto decidieron ir a caminar por la plaza del pueblo, algunas personas susurraban y lanzaban miradas críticas. Valeria sintió el peso de esos juicios, recordando las palabras duras y los cuchicheos que resonaban en el aire. Sin dar mucha importancia continuaron con sus planes.

Decidieron instalarse en la vieja casa de la familia de Leo, una hermosa casona de madera frente al mar que había sido abandonada y necesitaba muchas reparaciones. Llenos de emoción esta restauración se convirtió en un proyecto compartido que en principio disfrutaban mucho eligiendo colores para sus espacios y bellos cuadros que adornarían las paredes, Leo comenzó con la restauración del techo que tenía filtraciones, y Valeria se dispuso a pintar y arreglar la cocina con un hermoso estilo de playa pintando sus paredes con paisajes y caracoles todo en tonos pasteles y de otoño que daban una sensación de tranquilidad perfecta, con el paso de las semanas la casa fue quedando como la sonaban.

Cada rincón de la casa traía recuerdos. La habitación de Leo, con sus posters de surf y libros viejos, libretas con cartas de amor o notas para Valeria de la época en que asistían a clases de Artes juntos, la cocina donde su madre preparaba comidas deliciosas que muchas veces compartieron con Elena, Diego y Ana, y el jardín donde muchas veces descubrieron el idilio de estar un rato a solas ahora estaba cubierto de maleza y aun así dejaba ver su belleza. Trabajaron fuertemente y juntos redescubriendo su amor a través de este proceso de renovación. Leo decidió retomar el negocio familiar, la tienda de alquiler de equipos para deportes acuáticos, y las visitas guiadas de los turistas por sus montañas y cordilleras, esperando que esto les proporcionara la pasión y la alegría que Leo necesitaba para complementar su sueño de formar su nueva familia de la mano con Valeria en el seno de su antigua comunidad. No obstante, enfrentaron competencia de un nuevo negocio más moderno que había surgido durante su ausencia. La lucha por atraer turistas y mantenerse a flote en un mercado cambiante se convirtió en otra prueba de su resistencia y perseverancia.

Los primeros días fueron difíciles. Los turistas preferían las tiendas más modernas y bien equipadas. Sin embargo, Leo y Valeria no se desanimaron. Organizaron eventos en la playa, como competencias de surf y clases gratuitas para principiantes, tratando de atraer a la gente con su experiencia y pasión por el mar.

Valeria comenzó a pintar denuevo, haciendo retratos de los turistas en sus paseos guiados de la mano de Leo, todo estaba mejorando cuando Valeria comenzó a recibir mensajes anónimos que insinuaban que su relación con Leo no sería suficiente para superar los obstáculos que enfrentaban. Estos mensajes, aunque en su mayoría ignorados, despertaron inseguridades y dudas en Valeria. Ella se preguntaba si realmente había tomado la decisión correcta y si estaba preparada para enfrentar las dificultades que surgían a diario.

Un día, encontró una carta en su buzón. "Valeria, no sabes lo que estás haciendo. Leo fue el causante de la muerte de Elena", decía el mensaje anónimo. Estas palabras le dolieron profundamente y la hicieron cuestionar su elección, pero Leo siempre estaba allí para consolarla y asegurarle que juntos podrían superar cualquier cosa. A pesar de estos avances, Valeria no podía ignorar las cartas anónimas que seguían llegando. Las palabras crueles y las insinuaciones constantes la hacían cuestionar su decisión de estar con Leo. Decidida a descubrir quién estaba detrás de estos mensajes, Valeria comenzó a investigar discretamente.

Las cartas siempre llegaban sin remitente y con una caligrafía cuidadosamente disimulada. Valeria analizó cada detalle, buscando pistas en la letra, el papel y las palabras escogidas. Finalmente, decidió hablar con Ana, su amiga de toda la vida, quien también se había establecido en el pueblo recientemente, en la víspera de su matrimonio que iba a celebrarse en unos pocos meses, Ana escuchó atentamente y se comprometió a ayudarla a desentrañar el misterio. Ana y Valeria comenzaron a notar que las cartas siempre llegaban en días específicos, generalmente después de algún evento comunitario donde ellas y Leo estaban presentes. Un día, mientras revisaban el correo, Valeria notó que una de las cartas tenía una pequeña marca en la esquina, algo que le resultó familiar. Recordó haber visto algo similar en la pastelería de los padres de Elena, que visitaban muy seguido, don Juan y doña Carmen eran muy importantes en la vida de Valeria, siempre fueron una constante es su relación con Elena y luego de su partida nunca dejaron de escribirse y llamarse.

Llenas de dudas y nerviosismo, Valeria y Ana decidieron confrontar a los padres de Elena. Al llegar a la casa, notaron que doña Carmen parecía más nerviosa de lo usual. Con suavidad, pero con firmeza, Valeria le mostró la carta a doña Carmen y le preguntó si sabía algo al respecto.

Doña Carmen, al principio, negó todo, pero ante la insistencia de Ana y Valeria, finalmente rompió en llanto. Admitió que ella y don Juan habían estado enviando las cartas. Explicó que lo habían hecho porque no querían ver a Valeria sufrir. Pensaban que Leo no era una buena persona y no era bueno para ella, que necesitaba a alguien estable y confiable, y temían que Leo, con su pasado y sus decisiones impulsivas, pudiera hacerle daño nuevamente, a ella y a su comunidad, como en el pasado había hecho con su familia.

Valeria sorprendida y decepcionada, los enfrentó a ellos que en su infancia habían sido como sus padres también con firmeza. Les dijo que, aunque entendía sus preocupaciones, su manera de actuar había sido completamente errónea y había causado más dolor que protección. Valeria, aunque herida, se mostró comprensiva y les agradeció por preocuparse por su bienestar, pero dejó claro que ella era la única que podía decidir sobre su propia felicidad. Doña Carmen y don Juan, avergonzados por sus acciones, pidieron disculpas sinceras a Valeria. Se comprometieron a no interferir más en su relación y a apoyarla de la manera correcta.

Con el misterio de las cartas finalmente resuelto, Valeria y Leo sintieron un gran alivio. La verdad, aunque dolorosa, les permitió cerrar ese capítulo de inseguridad y dudas. Se enfocaron en su amor y en los proyectos que habían comenzado juntos. A pesar de todo, Valeria y Leo encontraron consuelo y fortaleza en su amor. Las noches en la playa, bajo un cielo estrellado, se convirtieron en momentos sagrados donde compartían sus miedos y esperanzas, recordándose mutuamente por qué habían decidido estar juntos. Leo la sostenía en sus brazos y le hablaba de su fe en un futuro compartido, mientras el sonido de las olas los envolvía en una sinfonía tranquilizadora.

Inspirados por su amor por el mar y los deportes acuáticos, Leo y Valeria decidieron abrir una escuela de surf para niños y adolescentes, la cual Valeria llevaría mientras Leo se encargaba del negocio familiar. Este proyecto no solo les permitió conectar con la nueva generación del pueblo, sino que también les dio un propósito común. Su amor por los niños, ver la felicidad y el entusiasmo en los jóvenes alumnos, les recordaba las razones por las cuales habían vuelto: formar una familia juntos y ver a otras generaciones disfrutar de la magia que ellos mismos habían experimentado en su infancia. San Martín, con sus playas, las visitas al faro, sus senderos, las montañas y arroyos que rodeaban la pequeña ciudad, era un lugar mágico y lleno de belleza.

La escuela de surf pronto se convirtió en un lugar de encuentro para la comunidad. Los niños llegaban temprano, ansiosos por aprender y disfrutar del mar. Valeria se dedicaba a enseñarles no solo técnicas de surf, sino también el respeto por la naturaleza y la importancia del trabajo en equipo. Sin embargo, no todo era perfecto; también luchaban con su pasado. Leo, a veces, se sentía culpable por los giros del destino, por aquella noche, por haber irrumpido después de tanto tiempo en la vida de Valeria. ¿Cómo hubiese sido su vida? ¿Sería más feliz? Muchas interrogantes lo atormentaban. Valeria, por su parte, luchaba con la culpa y el temor de que las decisiones que había tomado fueran egoístas. Estos sentimientos los obligaban a enfrentarse a su propio crecimiento y madurez, reforzando su compromiso de ser honestos y apoyarse mutuamente.

En medio de estos desafíos, la naturaleza jugó un papel sanador. Las caminatas por la playa al amanecer, las tardes navegando en el viejo bote de la familia y los días soleados en el campo les ofrecían momentos de paz y reflexión. Cada puesta de sol les recordaba la belleza de estar juntos, y cada ola que rompía en la orilla simbolizaba los nuevos comienzos y la persistencia del amor.

Con el paso del tiempo, Valeria y Leo comenzaron a ver los frutos de su esfuerzo. La casa empezó a recuperar su antiguo esplendor, la tienda de deportes acuáticos se consolidó gracias a su dedicación y la escuela de surf se convirtió en un éxito entre los jóvenes del pueblo. Estos logros no solo reforzaron su relación, sino que también les hicieron sentir parte integral de la comunidad.

Agradecidos por la segunda oportunidad que la vida les había otorgado. Valeria y Leo encontraron consuelo y fortaleza en su amor. Las noches en la playa, bajo un cielo estrellado, se convirtieron en momentos sagrados donde compartían sus miedos y esperanzas, recordándose mutuamente por qué habían decidido estar juntos.

Con el tiempo, Leo y Valeria comenzaron a hablar sobre el futuro y la posibilidad de formar una familia propia. Los dos compartían el sueño de tener hijos, de criar a una nueva generación en el mismo entorno amoroso y natural que los había visto crecer.

Estas conversaciones, llenas de emoción y esperanza, reforzaban su vínculo y les daban una nueva meta hacia la cual avanzar juntos. La decisión de tener hijos trajo consigo una nueva ola de ilusión. Empezaron a planificar cómo adaptarían sus vidas para dar la bienvenida a un bebé, con Leo tomando la iniciativa en las reformas de su hogar y Valeria dedicando tiempo a investigar y prepararse para la maternidad. El apoyo mutuo y la comunicación abierta se convirtieron en sus aliados más valiosos durante este proceso.

Pronto sus anhelos se hicieron realidad La noticia del embarazo de Valeria llego y llenó sus vidas de una felicidad indescriptible. Compartieron la noticia con sus seres queridos, quienes los rodearon de amor y apoyo. Cada día que pasaba, la expectativa y el amor crecían, y Valeria y Leo se dedicaron a preparar no solo su hogar, sino también sus corazones, para recibir al nuevo miembro de la familia.

En medio de estos preparativos, la escuela de surf continuó prosperando, convirtiéndose en un símbolo del amor y la dedicación que Leo y Valeria compartían. Ver a los niños disfrutar del mar, aprender y crecer, les recordaba diariamente el poder transformador del amor y la importancia de seguir adelante, juntos.

El embarazo avanzó sin contratiempos, llenando sus días de emoción y preparativos. Finalmente, el día tan esperado llegó, y Valeria dio a luz a una hermosa niña a la que llamaron Elena, en honor a su querida amiga que había perdido la vida en el trágico accidente. Este gesto conmovedor llenó de alegría a todos a su alrededor, especialmente a los padres de Elena, quienes, con lágrimas en los ojos, abrazaron a Leo y Valeria, encontrando en el nacimiento de la pequeña Elena una manera de sanar viejas heridas y perdonar a Leo. Los primeros días con Elena fueron una mezcla de emociones intensas. Leo y Valeria se maravillaban ante cada pequeño gesto de su hija, sintiendo que todo el amor y la lucha de los últimos años había valido la pena. Sus vidas se llenaron de nuevas rutinas, de risas infantiles y de la promesa de un futuro brillante. La comunidad de San Martín también se unió a la celebración, acogiendo a la pequeña Elena con cariño y aprecio. La escuela de surf siguió siendo un punto de encuentro, ahora con un rincón especial para los más pequeños, donde Elena crecería rodeada de las olas y la naturaleza que sus padres tanto amaban.

En estos momentos de alegría, Valeria y Leo reflexionaron sobre su viaje juntos, desde la infancia hasta la adultez, pasando por desafíos y momentos de felicidad. Sentían que habían cerrado un ciclo y abierto uno nuevo, lleno de promesas y esperanza. Su amor había sobrevivido al tiempo y a las adversidades, y ahora se fortalecía con la llegada de su hija. Esa noche mientras la brisa del mar acariciaba sus rostros, Valeria y Leo se miraron a los ojos, con Elena en sus brazos, sabían que el futuro era brillante y que, juntos, podrían superar cualquier obstáculo.

Elena creció rodeada del amor de sus padres y la comunidad, y cada día que pasaba, Leo y Valeria se esforzaban por enseñarle los valores que ellos habían aprendido en su vida: el amor, la perseverancia y la importancia de seguir adelante, sin importar los desafíos. La historia de Leo y Valeria se convirtió en una leyenda en San Martín, un recordatorio eterno de que el amor verdadero siempre encuentra el camino de regreso. Y así, con sus corazones llenos de gratitud y esperanza, Leo y Valeria comenzaron el siguiente capítulo de su vida, sabiendo que, con Elena a su lado, su amor y su legado perdurarían para siempre.

Fin.